JN418006

양화대교 · I

이경희 시집

月刊文學 출판부

ㅣ시인의 말ㅣ

지난 시간, 뜨거운 열기 속에 의자에 엉덩이를 앉히고 홍겨워 詩라고 명명하고 무언가 입가에 맴돌던 얘기들을 써내려가던 어린 시절. 나의 2층 방 창가까지 라일락 보라색 향이 끊임없이 사랑을 전해 주던 그때, 나는 부모님이 만들어 주신 공간과 시간 속에서 그저 공부만 하라는 명을 받고도 책상 아니면 피아노 위에서 늘 단편소설, 장편소설, 위인전, 수필집 등 국내외를 막론하고 신문 기사까지, 가위로 정교하게 오려다 숙제처럼 아버지께서 던져 주시던 칼럼까지 통독하며 늘 외롭고 힘들었나 보다. 그때 나의 글은 지구상의 모든 일들을 머리에 이고 있는 듯한 표현어구가 많았다. 물론 부족함이 없었던 어린 시절과 성인기까지, 나는 거침없이 미래를 펼치며 하루하루를 글을 써가며 생활했었다. 청소년기의 고민이 곧 나라에 대한 사랑으로 이어져, 대학 시절, 요동치던 정치적인 현실에 잠시 글을 시커먼 가슴에 담았었다. 무너져 내리는 하늘은 내게 눈을 뜨지 못하게 했고 자꾸만 먼 나라로 사라지는 지인들과 선배들을 몸부림을 치며 잃어야 했다.

지금 나는 시를 낭송한다. 그리고 시를 짓는다. 내게 주어진 소명을 나는 노래한다. 얼마나 다행인가? 때론 세상이 나를 힘들게 해도. 때때로 지극히 낙천주의적이고 내향성을 갖고 있으면서도 활동적인 나는 내 안에서가 아닌 그 무엇의 억측으로 엄청난 서러움을 삼키며 숨이 막혀 폭발할 것 같을 때 내가 글을 쓸 수 있다는 것에 너무나도 감사한다. 누가 이야기했던가? 타인에게 해를 가하고 도리어 자신의 죄를 남에게 뒤집어씌우고 아니라고 더 큰 소리로 가장 무도회의 주인공을 하며 권모술수로 국가의 녹을 먹는 이를 그냥 두고 강가에 서라고. 그러면 그 강 위로 시체가 되어 떠오를 거라고!

가슴 한켠에는 내게 꽂혀 있는 칼자국— 선명하게 흘러내리는 붉은 피의 흐름…… 찢겨진 내 가방 속지 그리고 뜯겨져 나간 여권, 10월의 어느 날짜! 나는 반드시 詩를 지속적으로 토해 낼 것이며 내 가슴 속 멍을 나의 詩로 잡아 낼 것이다.

새벽이 되어 가느다란 햇빛이 보인다. 기꺼이 한국문인협회의 한 사람으로서 작은 발걸음을 시작하도록 격려해 주신 문효치 이사장님께 감사드린다. 미흡한 나의 마음을 마치 X-ray로 투시하듯 평론을 써 주신 채수영 박사님께도 머리 숙여 감사드린다. 꾸준히 이 길을 갈 것이다. 그리고 갈고 닦아 사랑받는 글쟁이가 될 것이다.

또한 詩의 의미를 바르게 전달하기 위해 한국문인협회 소속 시낭송가 지도자반에서 열강하고 계신 장충열 교수님께 지속적인 노력으로 보답하리라 다짐해 본다.

양화대교 표지 사진을 위해 현장에 여러 번 출동하셨던 사진작가 최윤성 선생님께도 감사 드린다.

2017년 4월

이경희

차례

양화대교를 지나서 3

1

양화대교 앞에서

양화대교

갑자기 먹먹한 글자
楊花大橋
조금만 조금만 앞으로
계단은
캄캄한 강물로 미끄러져
나를 삼킨다.

All of a sudden, the stifling word
Yanghwa Bridge
A little bit more distance ahead of you
The staircase slides you
Along the engulfing dark river.

양화대교 · 2

낯선 이국적 향기를
가슴 위에 얹고
김포공항으로
급우회전
나를 날려 버린다.

Put the unfamiliar exotic mood
on my heart
Make a sharp right turn
to the Gimpo Airport
Just blow myself.

양화대교 · 3

헤어지기 싫어
발을 다리 위에 붙인 채
선유도공원으로
우회전
한강 위에서
푸른 들을 만난다.

Feeling a strong tug at parting
Make a right turn
I do not like to part away
without leaving my feet on the bridge
to reach Seonyudo Park
I meet the green fields
On Han river.

양화대교 · 4

잊을 수 없어
한 번 더 돌아보고
국립현충원
노들길로
뱅글 돌아 당산역 쪽으로
기찻길 밑에서
막창 구이와
소주잔을 건넨다.

Indelible impression
Looking back once more
To the National Memorial Board
To Nodeul-gil
Twirl around the Dangsan Station
Right next to the railroad
With grilled beef entrails
I hand the Soju shots over to you.

벌거벗은 부족민

붉은 얼굴에 나무쪽 같은 어깨
알 수 없는 울부짖음의 소리가 하늘로 날고
흔들거리는 축 늘어진 방향을 잃은 방망이
오래된 햇빛 속에 발바닥은 회색빛 껍질만 남았다

날짜 없는 달력이 머리카락을 탈색시키고
어디서나 달려드는 문명의 칼날은 퀭한 눈두덩이를 파고
퇴색한 흙탕 속에 지쳐버린 물고기 반찬에 멍한 부족민
밀려드는 싸움 족을 맨살로 덤빈다

내달으면 찢어질 듯 가시덤불 사이로 온몸을 날리며
잊혀진 추억의 사냥을 볼멘소리로 불러낸다
호랑이 사자 여우 사슴 하마 악어 뱀, 뱀, 뱀……
어디로 간 것일까, 그 많던 사냥감들은

늦은 저녁 장작불 이글거림 속에
허기진 볼록한 배를 맞대고 이빨만 보이는 대화는
통역되지 않아 불빛 속으로 타들어 간다
내일도 벌거벗은 부족민은 오늘이 된다.

이스터 섬의 石像이 되어

그저 던지는 엷은 미소
환한 실험실 매스를 든 흰 가운 같아
아일랜드 저 멀리로 날아가
속삭이던 너뿐이란 말 말 말……
화산 폭발 그 자리에
마그마를 끌어안고 녹아 들어갈 것 같아
폴리네시아 어느 곳에서 뗏목 타고
솟구치는 풍랑 안고
넌 이스터섬으로 이스터섬으로
눈을 떠보니 石像이 되어
온종일 비바람만
너를 에워싸고 있나보다.

익어 버린 우정

캠퍼스 구석구석
조잘조잘 끝없는 대화
찌그러진 막걸리잔 속에 시골집 구석
둘이서도 좋아 셋이어도 좋아

쓰디쓴 언쟁이 머리를 때린다
날카로운 언어가 날아간다
침묵 그리고 단절되는 날들
외딴 숲의 외톨이 아이 되고

차가운 기다림
엇갈린 시간 어긋난 말들
또다시 칼날 세운 어두움
끝나는구나

새 아침
말문이 열린다
아무일도 없었다는 듯
퉁퉁 불어난 짜장면
어느새 빈 그릇.

아름다운 노인

주름진 골엔 리듬이 숨겨져 있고
접혀진 귓가엔 넓은 녹음기가 있고
입가엔 넉넉한 미소가 있네

양손엔 가득 사랑이 넘치고
가슴엔 따뜻한 배려가 솟구치고
걷고 있는 그림자엔 반성이 보이네

하얀 머리카락 그 너머엔 지혜가 번뜩이고
곧추선 허리엔 건강이 받쳐 주고
근육질 다리는 자신감이 넘치네

머리 끝 그 어딘가엔 아직도 첫사랑이
수양버들 끝자락 거기서 손짓하는
참으로 아름다운 노인의 여유가 있네.

알았을 텐데

한동안 받아온 당연한 사랑
영원히 너는 그렇게
내 옆에 있을 줄 알았는데

말없이
갑자기 먼 곳으로 떠난다며
죽을 때까지
지켜준다는 약속 버리고
낯선 이방인처럼
멀리멀리 멀어져 갔지

가슴이 터져나가는 실연을
마치 아무 일도 없다는 듯
거리를 걸으며
여기저기 서 있는
전화기에 매달리며
잊혀진 목소리를 불렀지

이미 네곁엔 예쁜 사랑이

있었다고
어쩔 수 없다고
떠나야 한다는
냉정한 버림

잊기 위해
지구상에서 할 수 있는
모든 절망의 몸부림은 다 했어

어느 날 낯선 목소리
난 오로지 너만 있음 된다는 걸
알면서……
알 텐데……
알았을 텐데…….

첫사랑의 창가

내 마음의 첫사랑이
조그마한 사각형 안에
노랑 빨강 초록나무와
그림같이 내 곁에

예쁘지?
엷은 어둠이 조금 내려앉은 창가에
문 열면 넘 알싸한 가슴이 되어
그림같이 내 곁에

파리의 어느 거리를
살짝 훔쳐 왔는가?
어여쁜 풍경
첫사랑의 키스처럼

머어언 동남아 따가운 햇살 속 어딘가에
내 첫사랑은 있다 했는데
걱정 되어 내 창가로 달려온 건가?

자꾸자꾸 보아도
고개는 갸우뚱
분명 첫사랑의 손짓
그림같이 내 곁에.

여백을 남기려니

지난 시간들
말없이 나를 지키는 공기처럼
있었는지 없었는지

기억할 수 있는 무엇이
뇌 속에서 자꾸자꾸 빙글빙글 도는데
안개만 자욱하네

그림자 없는 모습은 사진 속에서만 있고
요동치던 젊은 날은 짧은 기억만

삶을 살아보니
겹겹이 덧칠해진 유화만 있고 하이얀 여백은
온전히 남아있지 않네

오늘도 내일을 위해서라지만
내일은 바람에 밀려
빠르게 오늘이 될 뿐

여백을 남기려니
변명만 남고
하이얀 모습
그릴 수가 없네.

제발 범인을 잡아 주오

분명 어제 보았던 나인데
투명한 유리 저편에 난
반쯤은 오늘만 있다

긴 머리는 그대로인데
보이지 않는 두 개의 동그란 창
아프다 아프다 아프다

자꾸자꾸 흐려지는 그 얼굴
막힌 창엔 잔인한 왼손 자국
견뎌 내어 보여 주고 싶다

내 가방은 나를 보고
찢겨져 나간 속지를 드러낸 채
자동차 스마트키만 붙잡고 있다

버버리 우산은 난도질 되어
찢겨진 아픔으로 집을 나갔다
제발 범인을 잡아 주오.

2

양화대교 위에서

당당한 아침

햇살이 입맞춤한다
향기로운 빛의 향연
귀에 와 닿는
예쁜 노래
아침의 미소가
온몸을 감싼다
터치하고 또 터치하고
동그란 사랑을 그린다
땅따당 땅땅 당당한 아침
환한 미소로 문을 여는
엘리베이터의 품에 안기면
뽀샵된 거울 속에
귀요미 토끼 한 마리
통통하지만 눈부시다.

내 곁에 있는 나

안 보인다
밝은 창가에 서 있는 내가
뿌연 긴 거울 앞에 분명 나는
똑바로 서 있는데
더운 여름을 지나 찬바람이 부는데
언제나 땀 흘리는 나
잠시 짧은 흔들림이 머리카락을 움직인다
이리로 저리로
내 곁에 있는 나
이제는 떠나 주기를
한 번 두 번 기다림이 지쳤는데
오늘도 자꾸자꾸 나를 기다린다.

W에게
―꿈 같은 내 사랑

잠결에 흐르는 낯익은 짧은 음악

화들짝 놀라 깨면서도
가벼운 키스……
온몸으로 나를 안고
코알라처럼
떨어지기 싫다는 너

눈곱 낀 눈가에 옅은 눈물이
아침 출근길
식탁에 마주 앉은 우리 둘의
가슴 속 깊은 곳까지 흐르네

살찐 토끼라고 놀려대는
너의 장난기 섞인 말투
하루종일 퇴근을 기다리게 하고
자꾸자꾸 톡을 열어 보게 해

W에게 너를 사랑해! 꿈 같은 내 사랑!

깊은 사랑

수없이 고개를 저어도
다시 정지되는 얼굴

단 한 번의 미소에도
환한 마음이 끄덕인다

미워도 사랑
싫어도 사랑
그 말 한 마디, 사랑

깊은 내 살 속에 박힌 사랑
고개 저어도
그대 가슴 속으로만 파고든다.

내 곁에 있는 사랑

홀로 잠든 내 곁에 살며시 별이 왔다
깊은 밤 숨소리조차도 사랑스럽다
모른 척 힘들지 말라고 침대 끝을 잡는다
어느새 작은 새처럼 내 안에 안긴다
사랑해
난 괜찮아
손발이 차가운데……
내일은 좀 더 큰 행성으로 가자
아니
난 괜찮아
너만 있음 된다니까
밤새도록 나를 밝혀 주며 지켜주다
잠이 깨면 사라질까 두려워
가만가만 문을 닫고 혼자 뜰로 나선다.

내 사랑은 도깨비

양화대교
갑자기 내 앞을 막는다
캄캄한 밤
멀리 어렴풋이
도깨비처럼
나를 휘돌아 한강 속으로 첨벙
아닌데 정말 안되는데……
고개 들어
눈을 떠보니
내 사랑은 도깨비.

내 사랑 내 기억 너머

강화도
강촌
춘천
그리고
동해안 해안도로
돌고 돌아
어느 날, 캄캄한 밤
제주도,
그 도시에서의 헤매임 속에
멀리 도망가자던 너의 애절한 고백
정말 난 가고 싶었는데
머리가 못 간다고 했어
정말 난 가고 싶었는데
남겨진 너의 가족 그리고 나의 가족
그 누구보다도 부모님을 어찌할 수 없었지
우리 둘은 남은 인생 모두를 버리고 서울로
다시 남처럼,
망각을 위해 미친 듯 땀을 흘리며
거울 속 나만 보며

텅빈 쓸모없는 머리는 하늘로 보내고
10여 년이 지나
홀로
강화도
강촌
춘천
제주도
그리고
해안선을 따라
기억을 더듬는다
다시 너를 만나면
나는 무조건 그림자라도 따라갈 텐데
너는 없고 나만 있다.

미운 愛人 팥쥐

가슴 아픈 언어로
미운 愛人이
지루한
퍼포먼스를 한다

"넌
팥쥐 같아"
콩쥐는 받아치며
동화를 그려 본다

가슴 속을
따가운 가시가
파고들었나보다
마구 던지는 독화살만
차고도 넘친다

"넌
팥쥐 같아"
콩쥐는

눈물도 말라
그 자리에 선 돌이 되었다

방패가 된
콩쥐 가슴에
빗나간 독화살이 기대어
흐느껴 운다

사실
난 너를 사랑해.

내 안의 사랑

한가로이 양화대교를 품에 안고
한밤의 빛 축제를 나만의 시나리오로
거대한 한강의 물줄기를 따라 달린다

차오르는 벅찬 감흥을 뜨거운 키스로
언젠가는 그네의 키만큼 타오를 내 사랑
저만치서 날아오르는 비행기를 따라 날아본다.

살다 보면 살아진다

한꺼번에
허리케인을 만났었다
무더운 어느 해 여름

침대마저 빼앗겼다
앞이 보이지 않는
비바람 폭풍 그리고 천둥에게

뜨거운 햇볕 아래
빈 손으로 공항에서
더듬거렸다

이륙하는 비행기 속에서
엔진 소리에 맞춰
펑펑 눈물을 흘리며 머릿속
찌꺼기를 퍼냈다

살다 보니 여기까지 왔다
살다 보면 살아진다
분명 삶은 살아진다.

셀 수 있는 내 사랑

하나
내 사랑은 오직 너 하나

둘
너는 내게 둘은 아니야

셋
밤새도록 버텨도 3시는 안돼

넷
나는 4자는 싫어, 잊으면 안돼

다섯
우리는 오 오 오, 감탄사야 매일매일

여섯
너무 오래 기다리게 하지마, 불금은 여섯째 날이야

일곱
행운의 날이야, 7일째— 난 너와 둘이서만 있고 싶어

팔 구 십 십일 십이…… 자꾸자꾸 사랑은 커져만 가네.

살아간다는 것

몸이 세상에 나온다
어미의 젖꼭지를 찾으며 하루가 간다
뒤뚱뒤뚱 일어선다
여기저기 장애물을 잊은 듯 달린다
옅은 초록의 잎들이 내민 손을 붙잡는다

멈추는 순간
정지된 삶이 펼쳐진 세상사에 뒹군다
데굴데굴 떼데굴 끝도 없이 구르는 어지러운 삶
뒤돌아보니 벌써 저만치에서 과거가 비웃는다
현재 나는 존재하는 숨 쉬는 인간

날아오를 저 파란 하늘
시멘트 바닥에 붙어버린 발바닥
언젠간 가장 멋지게 함께 할 은하계 저 끝
오늘 나는 내일을 끌고
무거워도 힘겨운 줄 모르고 앞으로 앞으로!

아직도 내 곁에

아무 말도 못하고
매일매일
그저 눈빛만 남기고
아무 움직임 없는
하루하루

덩그러니 남겨진
빈 몸체에서 아직도
버리지 못하는 사랑이란
냄새만 자꾸자꾸 뒤쫓다
멈칫거린다

그래도 다행이다
그네의
숨소리는 늘
아직도
내 곁에 있으니.

지루한 오후

언제나 내 곁에 있는 이모티콘
오늘도 영화 보자고 조르다
의자에 억지로 몸을 맡기고
눈은 감고 귀도 막고
머언 게임의 세계로 달린다

창밖에 둥둥 구름이 떠가면
세계지도 속으로 하얀 마음 던지고
하늘로 날아가고 싶다
눈꺼풀이 해를 잡고
자꾸만 보내지 않는다.

얼음 장미꽃

춤추고 노래하며
하하 호호 장미의 향연
하루하루
태양의 뜨거운 고백
뜨거워 뜨거워서
그늘로 그늘로

차갑게
이지러지는 달을 붙잡고
뚜욱뚝 뚜욱뚝
장미의 눈물

발아래 밟히는
수북이 쌓인
그 겨울의 눈물덩이
차가워 차가워
얼음 장미꽃이 되었네.

오랜 기다림

골목 한켠, 단둘이만 보이는
하얀 아침에
무조건 그대는 떠나야 했고
한없이 기다림만
장미 정원에 홀로 남겨둔 채
까만 어둠에도
그늘이 드리워져
잊혀질까 두렵기만 했는데

어느날
누런 탄알 반지만 꼭 끼워 주고
아무 말 없이
눈가에 맺힌 사랑을 던지고
돌아섰던 그대
미치도록 난 노래만 불렀고
그대의 무응답은
먼 더운 나라 어딘가에서 출발한
비행기 소리만 내게 보내오고
어느 겨울

함께 했던 유람선을 타고
한강을 건넜다는 짧은 글이 포스팅 되었네

그대는 이제 내게 오면 안 되는 건지?

오랜 기다림
오랜 기다림
이제 나의 오랜 기다림을 끝내 주었으면……

모든 지나간 이야기들
내겐 아무 의미 없으니, 그대만 내 곁에 있다면!

잃어버린 왼팔을 모르는 愛馬

꿈속에서 조차도
맑고 환한 愛馬의 얼굴
장난기로 가득한 눈웃음
내방에 고개를 쑤욱 드밀어
깜짝이야!
너무 반가워
웃음을 주었는데
살점이 엉겨 붙은 왼팔 붉은 자국이 보이고
서러움에
눈물만 뚜욱뚝
다시는 너와 함께 못해!
반복해서
난 너와 달리지 못해!
그래도 자꾸자꾸 고개를 갸우뚱하다
씨이익 소리를 낸다
나의 잃어버린 왼팔은 미안하단 말도
대답도 없다
달리고 싶다, 박차를 가하며!
멀리멀리 가고 싶다

愛馬야?

나도 가고 싶어

멀리멀리 달려가고 싶어.

지워져 가는 사랑

아무리 눈을 감아도
어떤 미소도
감출 수 없어

꽃잎이
다시 네 앞에
떨어진거야

어두운 밤
밝은 소리에
두 손을 가린 채
몰래 웃는 대화

어쩌면
돌아올 수 없는 길로
너의 마음 날아간 거야

오래전
가슴이 칼 끝으로

잘려져 나가는
차가운 끊어짐
기억 저장고에 남아있는데…….

오래된 여인

오랜 전설처럼 흑빛의 얼굴로
캠퍼스 추억을 더듬으며

메이커를 허리에 두른
오래된 여인
이마엔 나이테
목엔 숨겨진 세월
버틸 수 없는 허리에는
구겨진 떡살이
다시 일어설 수 없는 무릎엔
접혀진 인공 관절

의자 밑 다리를 부러워한다.

사랑, 그 무엇도 아니야

너에게 화내는 거
사랑이야
너를 울리는 거
사랑이야
너라고 부르는 거
사랑이야
아무 말도 없는 거
사랑, 그 무엇도 아니야.

사랑하는 나의 모짜르트

도무지
나는 설레이는 마음뿐

피아노 건반 위에
모짜르트와 단둘이서만

그 누구도
나의 머리 속엔 없어!

사랑하는 나의 모짜르트.

어리석은 사랑

거실 저편에서
아무 죄의식 없이
아파트를 팔아서
현금으로 줄 수도 있는 사랑
—그런 사랑을 요구했었는데

뜨거운 태양 아래서
커다란 수박을 안고
배달비를 현금으로
—그런 계산만 하는 사랑이었는데

어두운 세종대왕릉 앞을
끊임없이 돈 얘기만 하며
전자계산기처럼 숫자만 세며
—발을 짓밟던 잔인한 사랑이었는데

자꾸만 자꾸만
수면제에 취해
시간만 흘려보냈던
어리석은 사랑.

눈 내리는 소리

스르르 스르르
하이얀 손을
흔드는 소리

눈 감아도
내 귓가에
스르르 스르르

화안한 얼굴
빛을 던지며
스르르 스르르

울지 말고
화내지 말라고
스르르 스르르.

3

양화대교를 지나서

돌아선 내부순환로

역주행
꽝
영혼이 없는 머리
이어지는 억지 논리

다시는
다시는
너에겐
안 갈거야!

돌아선 내부순환로.

돌아서야 하는 이유

반복되는 욕지거리
이것은 아니야!
정나미 떨어지는 숫자 얘기
돌아서야 하는 이유가 되지

세미원 오래된 연못 속에서도
아름다운 잉어가 노닐던데
세한도 올곧게 기와집을 지키고
진흙탕 물속에서도 연꽃이 피어나던데

언제나 뒤틀린 마음씨
소년시절부터 옳지 못했어!
생활교육은 어디로 갔을까?
부모님이 곁에 없어도 거짓은 그만!

공학도라서?
그럼 더욱 더 진실해야지!
자연 공학은 참말이여야 해!
더군다나 큰 훈장이라며?

떠오른 시체, 너씨 큰 훈장님

벌건 얼굴처럼 차창 밖은 붉은 하늘이다

죄인의 모습은 허리 대부분을 불룩하게 지방으로 채워, 어느 알 수 없는 공동묘지 봉분처럼 튀어나왔다

오래전 유행했던 퇴색된 양복 때문인지 지하 하수구 냄새가 난다

2016년 가을은 형언하기 어려운 빛바랜 헝겊으로 이어진 푸루죽죽한 조각으로

너씨를 포장했다

달리는 차창으로 손녀딸이 있는 할아버지 너씨는 또 거짓말을 한다

총각이라며 고아라며 울먹이는 척, 국가의 녹을 먹는 신분의 위력을 보이며, 끊임없이 펼치는 입놀림……

식당 아줌마의 허리를 잡고 오늘도 어린 진달래 꽃을 꺾는 너씨에게 양화대교는 검은 물을 토한다

떠오르는 너씨 훈장님의 시체에 여의도 벚꽃은 상여도 외면한 채 칼바람을 모은다.

똑같은 실망

날카로운 눈빛이
기억 속의 차가움으로
볼 수 없는 얼굴에
등 돌린 어깨 위를 비춘다

며칠이 지났는지
계절이 지나갔는지
파란 발등만 멀리서
숨쉬고 있음을 알린다

나는 알고 있는데
이 신호가 무엇인지
아주 멀리멀리 바람이 분다
아주 멀리서 바람이 내게로 온다.

국가의 녹을 먹는 큰 훈장님이란?

눈 먼 돈을 줍는 겁니다
백성을 속이는 겁니다
지인들에게 쬐끔 인심을 쓰며
입을 막는 겁니다

큰 훈장님 가족은 동반 도둑입니다
작은 종이 한 장도 나라의 것은
바로 큰 훈장님 소유입니다
철수세미조차도 누이동생 집으로
쓰레기통과 함께
선물처럼 옮겨갑니다

장학금은 맘대로, 주는 사람이
결정합니다
반이라도 큰 훈장님께로 돌려주는
사람은 장학생입니다

눈뜬 유령회사는 큰 훈장님과 손잡고
종업원들을 끌어들입니다

엉터리 수업으로
국가는 백성의 피를 사기꾼에게
합법적으로 빼앗깁니다.

무식한 가르침

인터뷰를 합니다

큰 훈장님
기술만 강의를 하시나요

인문학은
결과가 없는 학문이라구요

손놀림학교 출신이라서요

기본 지식은
이름 석 자만 알아야 하네요

전기 전자는
묘법만 알면 되니까요.

얄미운 양화대교

후두둑 뚝뚝
커다란 바람도 안고
빗방울마저 외면한 채
홀로 서 있는 양화대교

수많은 억측들
뜨겁고 진한 물빛 속에 감추고
어영차 물줄기
다리를 휘감고

강변의 물빛도
쭈욱쭉 빛을 던져도
아는지 모르는지
대답 없는 양화대교.

사랑 아니야

외로울 때
끌려가는 전화 목소리?
두 번 울리는 벨소리
끊어져 다시 거는 통화내역
사랑 아니야

카드로 밥을 사고
현금으로 모든 걸 원하는,
끊이지 않는 돈 타령
덩달이들도 각본대로 거짓 언행
사랑 아니야

언제 어디서나
돈만 찾는 혈안이 되어 있는 눈,
찢겨지고 뜯겨져 피 흘리며
사라지는 주인 잃은 물건들의 서글픈 외침
사랑 아니야

몰래몰래 뒤를 쫓는 초라한 모습

오로지 문명의 이기심으로
미친듯이 어두운 골목으로,
영혼 잃은 식인종의 질주
사랑 아니야

TV만 의지하던 동물 같은 몸체
갑자기 학자 흉내,
입만 열면 무식한 언어
연구 없이 Copy 수두룩
사랑 아니야

지독히도 가난한 혈연들
가장 무도회를 한다,
엇박자 투성이의 불쌍한 음조
무너지는 모래성
사랑 아니야

여기저기 이어지는
웃지 못할 찜질방의 우연을 가장한

필연의 만남들!
맨살 속으로 죽어가는 톡들,
사랑 아니야

못생긴 건 어쩔 수 없다 해도,
초라한 천박함은
오래된 전설을 이길 수 없어,
자꾸 비웃음이 흐른다,
사랑 아니야.

신사임당을 훔치는 큰 훈장님

눈동자가 돌아간다
타인의 주머니 속까지
머릿속 그 깊은 곳엔
숫자만
아~
어린 무수리들은 숨소리도 멈췄다
연구 대신 훔치는 묘술이 빛난다
큰훈장님은
대궐을 잡고
여인의 금관을 삼킨다
헤헤
젊은 시절엔 주막집 아낙네의 속곳으로
혼쭐나고
현재는 신사임당을 훔친다.

심해 어족과의 대화

내 가슴 속 깊은 곳에
깊고 깊은 호수
그 속에 살고 있는 내 사랑은
아무도 알 수 없는
심해 어족

긴 수염
납작한 몸통
무념무상의 머리통
알 수 없는 방향을 가리키는 지느러미

말로 할 수 없는지
답도 없고
오래도록 심한 압력 속에서
신경 세포마저 사라졌는지
감각도 없어

"나야" 라고 해도 찌그러진 표정만
"나라구" 라고 해도 물끄러미 보기만

다시 불러도 미끄러지듯 제자리로 돌아간다
"난 답답해" 라고 하면 "뭐가?" 라고만 답한다.

얽히고설킨 녹슨 잣대

원님의 얼굴은 누런 황금
소쿠리에 담긴 작은 알갱이 사금을
자석 되어 잡아챈다
단 한 번도 진실은 볼 수 없다
누런 눈은
누렇게 타는 가슴 속
열어도
보이는 건 황금뿐

너의 눈 맑아도
영원히
얽히고설킨 녹슨 잣대
원님의 옆에만 있으니…….

유식한 말

남편이 교수이십니까?
유식하십니다

남편이 고위층이십니까?
높으신 분이십니다

남편이 의사이십니까?
무너지지 않는 위에 계십니다

남편이 무엇하십니까?
돈이 많습니다,
무엇이든 다 됩니다

당신은 없으십니까?
누구도?
태양이 비칩니다
비가 내립니다
자연이 당신을 감싸고 있습니다.

완벽한 엄마

우리 애는 어렸을 때
받아 쓰기에서 100점 받았었는데
고학년 되더니 성적이 내려갔어요

학교 다니면서도
늘 엄마 옆에 있었는데
어느날 방문을 닫아요
자나깨나
엄마만 찾았는데
갑자기 동무만 좋데요
우리 아이는 너무 착하니
친구를 잘못 만난 거예요

사춘기는 있을 수도 없어요

우리 애는 돌잡이 때
연필을 잡았는데
공부를 안해요

당신은 완벽한 엄마
아이는 꿈 속의 어른.

왼팔이 있었는데

하남시
캄캄한 아파트 사잇길
어두운 길 옆
버스 정류장
느릿느릿 기어오는 탈것들
거기까지도
분명 왼팔이 있었는데

소름끼치는 넘어짐

지나가는 그 누구도
하늘만 의지하고 있는
왼팔을 잃어버린
가슴 아픈 사연을
묻지도 알지도 못하고
지나친다

흐르는 시간 속에
공허한

쓰디쓴 후회만
그 길 위에 재운다.

왕룽 일가를 지나가며

펄벅 여사의 생애가 중국에서도 이어졌지

마음 속 깊은 곳에서 버둥거리는 백성의 삶
위안이란 마음 속 위안일까?
경제의 원리는 사상도 뛰어넘는 거지
높은 담장 그 너머엔 뛰는 잉어가 물레방아 밑에서
메뉴판에도 없는 고급 먹이를 먹으려 달려드는데
걸어도 걸어도 짜장면 집은 그 어디에도 없네

이제는 멀어져 가는 대지의 속사정

펄벅 할머니는 왕룽을 어디쯤에서 이제 만날까?

찌므르 가장무도회

목마른
명품 아줌마들
작은 비행기에
매달려
찌므르에 떨어진다
좁은 사잇길 구석구석
하루종일
말발굽을 달고
딸그락 찍찍 딸그락 찍찍
요리저리 저리요리
왔다갔다 갔다왔다
청도의 찌므르는
진짜 같은 가짜만 있다
가격 없는 가게들이
아줌마를 부른다
자꾸만 가짜가 되는
찌므르 가장무도회.

큰 훈장님의 삶의 방식

할 일 없는 연구실엔 연기처럼 사라질 가정 물품 보관소
이름도 지워질 큰 훈장님이란 불명예스런 감투
큰 훈장님의 졸개들은 이유 없이 컴 앞에서 자료 검색
그들의 손놀림으로 책이라고 제목이 씌워지고
큰 훈장님은 지은이가 됩니다

몇 달 뒤까지 학교 밖을 합법적으로 뛰쳐나갈 출장이라는 문서
봄은 봄대로 여름은 여름대로 가을은 가을대로 겨울은 겨울대로
가야 할 이유도 갈 필요도 없는 딸의 가게에 전화를 한다
"내일 식당에서 밥 먹고 영수증 만들어 놔"—거짓 출장 증빙 서류
큰 훈장님은 원주에서 수원을 축지법으로 날아다닙니다

실험 도구라며 큰 훈장님은 되팔아 돈이 될 물건을 구입하는데
졸개들을 이용하려 주막집 아낙을 품에 안고 노닥거립니다
시간이 흐르면 그들은 큰 훈장님과 합법적으로 백성의 피를

한 사발 삼킵니다— 가장 큰 그릇의 시뻘건 액체는 큰 훈장님 것

자연 속을 찾아야 하는 이유는 없습니다
모든 여행이란 이름은 큰 훈장님에게는 출장입니다
언제나 집 안과 밖에서 돈이 최고입니다
졸개들도 주막 여인들도 알면서 속는지도 모릅니다

황금만능 추종자는 큰 훈장님을 모십니다
담배 한 모금과 삼겹살 그리고 한 병의 소주를 얻어먹습니다
큰 훈장님! 큰 훈장님! 헤헤~ 최고이십니다!
아부가 아내와 자식을 살릴 유일한 길인 최 사장님의 밑바닥 찬사

큰 훈장님의 삶은 계획된 출장으로 돈이 쏟아집니다.

2016년 8월의 아침

나를 먼저 깨우는 태양의 후예
열린 창으로 떨리는 사랑의 손짓은
바쁜 계절이 바람 되어 흔들고
출근길 춥다고 걱정하는 목소리
2016년 8월 폭염 속
밤까지 투덜투덜
아침엔 사라지기 바쁘더니
2016년 8월이 끝나가는 아침
겁쟁이처럼 내 이름도 잊은 척
희야 희야
나는 조금도 멀리 가면 안된다니
반전이야!
리우 올림픽도 끝났는데…… 이게 뭐람?
희야 희야
나는 잠시도 내 사랑을 떠나지 못한다.

새 아침

어제의 기억이 아무것도 없는 사람들이 지난 해를 버렸겠지

공학도라며 쏟아붓던 거짓말
현명한 원님이 안 계시니 마치 진실은 없었던 거야
도깨비도 알쏭달쏭 고개를 갸우뚱
CCTV 사각지대에서 벌어진 숨겨진 피눈물

새로운 달력이 새 아침을 맞이했는데
사라진 미래에 안개만 가득한 인왕산
태백 줄기 타고 내려오던 호랑이는 없고
낯선 이국 언어— AI라며 닭들은 땅 속으로 사라졌는데
닭의 해라며 모두들 사진을 전한다

새해 복 많이 받으라는 말— 진실이길 바라며…….

2016년 청도에서

네모난 집들과 공장들
빈터도 많은데
모두들 어디 갔을까?

건조한 마음이 씁쓸한
짝퉁시장 속에
악다구니를 하며 흥정하는 영혼 없는 여인들을
훑어내린다

메이커라는 부자 마크 때문에
반짝 세일에 청도를 클릭
오로지 찌므르에서만

짝퉁 가방 지갑 넥타이 머플러를 마구잡이로
가격을 후려쳐서 한보따리 비닐 봉지에 담는다
순수한 거짓의 줄타기로
입벌려 헤벌쭉 웃음 짓는 얼굴엔 밑바닥 가장 무도회의
싸구려
파운데이션이 물 되어 주울줄 흐른다

짝퉁 마을은
욕구 충족에 목마른 여인들을 비행기에 태워 어지러운
가짜
관광 극장에 초대한다
누가 오로지 삐에로가 되고 싶은 이 여인들을
진정한 아름다운 세상으로 보낼 수 있을까?

2016년 겨울 토요일 오후

광화문을 지난다
노란 천막
노란 리본
그리고 촛불

어디선가 들려오는
여인의 목소리
모른다
아니다

경복궁을 지난다
빠알간 깃발
주름진 과거의 목소리
생각이 안 난다

토요일 오후
아무도
그 누구도
영혼을 찾아 올 수 없다.

하얀 산에서 내려왔네

두웅둥 두웅둥 구름이 발아래
안개인지……
하이얀 코트로
허리를 감싸네

내려놓을 수 없는
많은 꿈들을
솜털 속으로
그냥 툭 던지네

굽이굽이
터널과 터널을
돌고 돌아
골짜기 낮은 곳이네

벌써
하얀 산에서 내려왔네.

튀겨지고 벗겨져도 알 수 없는 구린내

낯선 거리 한 모퉁이를 돌아서 질척거리는
퀘퀘한 내음의 문 열린 가게들을 지난다
성게알이 계란과 짝이 되어 입 벌리고 있다
오징어는 배가 불룩 튀어나와 과체중을 자랑한다
물표범의 거시기가 바짝 말라 아줌마들을 기다린다
구더기가 떼지어 기름에 볶아져 누르끼리하다
전갈은 다리를 벌리고 금방 튀어나올 듯 누워 있다
뜨거운 물속을 나온 게는 발그레한 얼굴로 수컷을 부른다
모두들 한 번은 끓는 기름 속에 들어갔다 나왔다

어디선가 닌자 거북이가 튀어나올 것 같은
낯선 구린내는 두리안의 냄새보다 지독하다
인간 세상인가?
바다를 초토화시키는 불가사리가 보인다
백성을 통째로 집어삼키는 살아 움직이는 인면어다
성게, 오징어, 물표범, 거시기, 구더기, 전갈, 게는 그저 먹잇감이다
바닷속 불가사리는 물 속의 드라큘라인데 물 밖에서 튀겨진다

인면어 회가 붉다. 불가사리의 천적이 누렇게 끓는다
여의도 앞 유람선엔 알 수 없는 구린내가 양화대교를 감싼다.

한낮 추녀 밑 고드름

처음엔
잠시
숨소리조차도
곁에 있길 애원하네

하루 이틀
조건이 붙어가며
가끔은 통화도 얼음!
톡은 숫자 1

사랑이란,
장식처럼 Simple life에
군더더기가 되어,
무관심 무관심으로

미움이
침묵이 되면,
거꾸로 매달린
한낮 추녀 밑 고드름 되어
언젠간 사라질 운명만 남네.

한반도의 끝 그곳의 소리

땅끝 해남에
육지를 보존하는 마지막 바윗돌

세찬 파도에도
위용을 뽐내는
꿋꿋한 정열의 바윗돌이 있다

가만히
얼굴을 맞대면
살짝 미소짓는
정겨운 바윗돌과 흙의 화음

한반도의 끝
피끓는 정열의 심장을
오랫동안 지켜온 흙과 바윗돌
그들은 우리에게 딛고 일어서라고
멀리 보이는 대마도로 손짓을 한다.

나의 조국, 코리아

작은 언덕 조그만 산등성이
조금씩 앞으로 나아가면
힘찬 태백 줄기 넘어서
커다란 동해

철썩이는 태평양의 파도를
온몸으로 품에 안고
새로 난 멋진 터널을 자꾸자꾸
달려 나오면 머드팩 신나는 서해

백성을 어여삐 여기신 세종대왕과 함께
시원하게 경부고속도로로 나오면
거침없이 달리는 KTX와 나란히
찬란한 삼국시대의 통일 이룬 신라의 경주

밝은 아침, 뱃노래에 흥겨워 태평양을 안으면
울릉도와 독도가 태극기를 흔들며
오징어와 홍게가 춤을 춘다

하늘을 나는 갈매기와 한류의 음악을 맞추면
출발선 서울이다
24시간 불 밝히며 폭죽이 터지는 남산 타워
—초록불이 인천국제공항 공연장에 빛을 던진다.

넓은 땅에 들어가기

비행기가 날아간다는데
도대체 숨은그림찾기를 하는 듯
저 아래 상자와 줄들은 끝이 없다
한 단계씩 하강하는 출렁임의 느낌
12시간을 접힌 다리에 미안해하며
인간이 그렸다는 넓은 땅에 내린다
낯설지 않은 세계 공용어의 읊조림
자주 부딪힌 흑백이 섞인 인종의 향연
갑자기 네모진 칸막이 앞에서
잔뜩 얼어 붙은 입을 움직여 본다
OK. ENJOY YOUR TRIP HERE.
북극 극한의 추위에서 벗어나듯
좁은 공간을 벗어나니 날아갈 것 같다
가는 곳마다 멈춤
테러를 예방한다며
모든 짐을 플라스틱 바구니에 담으란다
주머니도 다 털어내 보이란다
엉덩이가 무게 중심을 이루고 있는 여인이
웬 막대를 들고 양팔을 들라고 한다

마치 전쟁터에서 항복하는 느낌
겨드랑이에 스치는 딱딱한 물체는
인간의 목숨이 그래도
중요한가? —이런 빈정거림이 살짝
입가에 웃음을 짓게 한다
3%가 97%를 잡고 무엇을 하는 것인가?
PASS
넓은 땅에 들어선다.

그 옛날 대학로

성균관대학교
고려대 의과대학을
걸어나오면
선후배의 살내음이
오가는 육교를
넘는다
좁은 골목 안
시골집 찌그러진 양재기 속
막걸리가 젊음을 삼킨다
자꾸 흔들리는 샘터 가는 길은
알 수 없는 첫사랑의 수줍은 손길이
멀어졌다 붙었다
혜화동이 안 보인다
서울대 물리과대가 그 쯤 있었나?

누워 있는 검게 탄 나무들

눈 쌓인 산길
미끄러지듯 달려가는 장난감 차

가슴 속에 간직한 마그마는
길 끝 가장자리를
함께 달린다

쭈욱쭉 뻗어 지킴이처럼
서로를 바라보는 나무들
발밑이 뜨거워
뿌리도 잔가지뿐

알 수 없는 전설의 힘인가?
넘어져 여기저기 누워 있는 시체
—나무들의 힘없는 외침

Yellow Stone
그 길 위엔
나의 마음도 쉬고 싶은,
누워 있는 검게 탄 나무들이 있다.

나홀로 가는 길

눈을 뜨면
공기 그리고 숨소리만
훙얼거려도
기지개를 켜도
날아서 내게 앉는
파리도 없다

창을 열면
차가운 빗소리
뚝뚝 또닥또닥 똑똑
손바닥을 펴면
그저 도장만 찍는다
말 걸어도
대답 없는 박쥐 같다

문을 열면
그림의 여백만 있다
하늘과 땅 사이
그 많던 주인공들은

어디로 간 것일까?
나만 여기 두고.

눈을 뜨면

눈을 뜨면
제일 먼저 거울을 본다
누구보다 힘겨움을 이겨낼 나를 위해!

가슴 속의 멍에게 말을 한다
지울 수 없지만 울지 않을 것이라고!

차가운 햇살일지라도 웃는다
넘어질 수 없는 이유는 책임이라고!

다시 어둠이 찾아와도 두렵지 않다
뜨겁지 않은 태양은 검은 그림자였으니

외로운 긴 시간을 또 기도한다
나는 오직 한 사람의 연인이 아니라고!

빨간 나라 풍경

열려진 문틈 사이엔
이불 그리고 그릇 몇 개
가장 큰 건 TV 한 대

작은 키는 땅과 가깝고
마른 몸은 넘어질 듯 한데
갈색 피부에 웃음이 열려 있네

붉은 깃발 아래
붉은 생각
알 수 없는 옛날 말로
좁은 의자 옆에서 춤을 춘다

쿵짝 쿵짜작 꿍짝
마당 한가운데에서
풍악은 울리고
끝없는 노래와 춤은 빨간색일 뿐인데

흥에 겨운 깃발은 하늘까지 닿는다.

박수를 치며 살자

아침 햇살이 이불을 벗긴다
포근한 빛의 향연
박수를 친다

문을 나서면 어제와 다른 공기
새로운 오후의 시작
박수를 친다

거리에 나와 사람들 속으로
오늘의 인연을 맺는다
박수를 친다

일터에 서면
발전한 오늘이 있다
박수를 친다

오늘은
내가 애타게 보고 싶던
어제의 내일
박수를 치며 살자.

| 해설 |

꿈의 노래와 마음의 소리 듣기

| 작품해설 |

꿈의 노래와 마음의 소리 듣기

채수영
(시인·문학비평가)

1. 프롤로그_ 시의 바람

인간은 세상의 모든 물상에 이름을 붙이고 그것에 영혼을 불어넣으면서 기도의 물목(物目)으로 삼아 또 다른 상상의 영역을 탐색한다. 더불어 상상은 또 다른 길을 만들면서 사고의 복잡성을 부추기어 문화의 중심으로 채색한다. 그러나 이름이란 부를 때 비로소 생명을 얻게 되고 그 속에 무언가 영혼이 있음을 신념으로 공고화하게 된다. 그러나 달리 생각하면 A라는 이름을 굳이 A라 고집하는 이유는 인습이라는 장벽 때문에 고칠 수 없는 이유를 내장한다. 결국 이름에 관습의 의상을 걸치고 거기에 안주할 때, 상상의 길은 차단당하는 운명을 맞게 된다.

시인은 이런 기존의 질서를 거부할 때, 신명(神明)을 불러올 수 있고 이 신명의 불꽃 위에 시인만의 성주(城主)가 될 수 있게 된다. 가령 시적허용(poetic license)은 산문에서는 허용되지 않지만 시는 관습적인 것이나 기존의 사슬을 거부하면서 새로운 영역을 맞이할 때, 선도적인 시인의 임무가 발휘되고 여기서 시의 길은 또 다른 변화의 장면을 목도하게 된다. 예를 들면 이상(李箱)의 「오감도」에는 띄어쓰기, 맞춤법 등이 기존의 질서에서 역으로 상상을 자극할 때, 새로운 출현의 시를 높이 상찬하는 이유가 설명을 대신할 수 있을 것이다. 이점에서 시인은 언어 혁명의 기질을 가져야 하고 의식의 변화를 과감하게 자극하는 질서의 파괴에서 새로운 질서를 구축하는 성주가 될 수 있게 된다. 달리 말하면 개성 있는 시인의 이름이 될 것이다. 똑같은 혹은 아류(亞流)의 시는 아무런 개성도 갖지 못한 무의미의 의상(衣裳)을 걸친 것에 불과하기 때문에 시인의 의식은 항상 새로운 것을 찾아 두리번거리는 매의 눈을 가져야 하고, 먹이를 찾는 사자의 배고픈 방황이 있어야 한다. 기존의 시와 똑같으면 안 되는 이유가 변화에서 신선함이 탄생되기 때문이다.

첫 시집을 상재하는 이경희의 시는 그만의 Aura가 느껴진다. 산들바람처럼 상쾌한 인상으로 언어조합의 묘미를 상기시키면서 그만의 영역을 노리는 탐색이 전제될 때, 다가오는 기운은 삽상(颯爽)을 자극한다. 이제 이경희의 정신추구의 길을 탐색하면서 특징을 몇 가지로 분류하여 시의 깊은 맛을 운위(云謂)할 차례이다.

2. 꿈, 제조자의 임무

1) 자기 발견의 길 찾기

예술은 본질적으로 자기를 표현하는 방법의 다양성을 기대한다. 달리 말하면 고백적인 형태로 음악은 음악적인 기교로 표현하고, 선과 색채로는 미술에 작가의 사상이나 신념을 나타낸다. 문학은 문자를 통해서 결국 자기를 그리는 작업을 지속한다. 물론 표현된 결과물은 저마다 개성의 차이에 따라 독특한 양상을 갖는다. 삶이란 결국 자기를 찾아 나서는 여정(旅程)이고 이 여정을 어떤 뜻으로 받아들이고 또 삶의 중심을 어떻게 잡는가는 시인의 표현 목적과 의도로 표상될 뿐이다.

이경희 시의 첫 번째 목록에서 자기를 위한 탐구의 길이 보이는 것은 그가 어떻게 시의 진로를 이끌고 나갈 것인가를 암시하는 의미에 가깝다. 왜냐하면 '나'는 곧 전체 속에서 어떤 위치에 있고 이를 어떻게 끌고 나갈 것인가는 목적에 맞추는 일이 되기 때문이다.

안 보인다
밝은 창가에 서 있는 내가
뿌연 긴 거울 앞에 분명 나는
똑바로 서 있는데
더운 여름을 지나 찬바람이 부는데
언제나 땀 흘리는 나
잠시 짧은 흔들림이 머리카락을 움직인다
이리로 저리로
내 곁에 있는 나
이제는 떠나 주기를
한 번 두 번 기다림이 지쳤는데
오늘도 자꾸자꾸 나를 기다린다.

—「내 곁에 있는 나」 중에서

나를 알면 가장 위대한 인간의 면모를 갖추었다고 정의할 것이다. 모든 성인들은 '너'라는 대상에 질문을 던지면서 혹은 직접적으로 지적하면서 궁극으로는 자기 삶의 중추를 어떻게 세워야하는 가에 철학의 중심을 두었다. 이경희는 거울 앞에 서 있는 자기를 '안 보인다'면서 스스로에 질문을 던진다. 그러나 거울은 아무런 대꾸도 없이 무표정의 대면에서 시인은 스스로 찾아나서는 노력이 집중된다.' 언제나 땀 흘리는 나'를 강조하면서 비로소 머리카락이 '움직인다'의 탐구에 대한 대답을 듣고 있음이다. 더불어 '기다림이 지쳤는데'에서 지속적인 삶의 탐험이 스스로의 동력(動力)을 얻어가는 단계로 들어간다.

인생은 오로지 자기가 살아가면서 해답을 얻는 길이 있을 뿐이지 타인이 해답을 던져주지 않는다. 때문에 신열(身熱)을 감내하면서 길을 가는 나그네의 운명을 사랑해야 한다. 자기를 버릴 때, 자기를 얻게 되는 역설적인 방법도 있지만 이경희는 직접 자기와의 대면 —거울에서 나르시스의 방황을 헤쳐 가는 용기가 가상하다. 자기를 사랑하기 때문에 '오늘도 자꾸자꾸 나를 기다린다'는 자기애(自己愛)의 길을 넓히는 발상이 두드러진다.

뒤돌아보니 벌써 저만치에서 과거가 비웃는다
현재 나는 존재하는 숨 쉬는 인간

날아오를 저 파란 하늘
시멘트 바닥에 붙어버린 발바닥
언젠간 가장 멋지게 함께 할 은하계 저 끝

오늘 나는 내일을 끌고
무거워도 힘겨운 줄 모르고 앞으로 앞으로!

—「살아간다는 것」 중에서

인간은 세상에 현존하는 존재로 살아간다. 탄생은 자의적인 것이 아니라 주어진 것일 뿐 실제로는 미지의 공간에서 다시 미지의 공간으로 길을 만드는 존재일 뿐이다. 하루하루 살아가기 때문에 현재와 과거 그리고 미래라는 구분이 생의 이름으로 다가든다. 이경희 시인은 자아를 확립하는 방도로 과거를 투명하게 바라보는 시선이 독특하다. 왜냐하면 살아있음 — '숨 쉬는 인간' 임을 자각하고 그 다음 수순으로 진행하는 미래지향이기 때문에 과거와 미래의 중간에 현재를 인식하는 점이 이채롭다. 흔히 우왕좌왕하는 것이 삶의 모습이지만 이런 유약함을 거부하고 자기만의 독특한 개성의 의상을 입고 시멘트 —공고한 바닥— 이는 현실을 의미하고 가장 멋지게 오늘과 내일을 끌고 출발하는 거대한 보폭-은하계(銀河系) 멀리 꿈의 풍선을 날리는 계획이 야심차다는 점이다. '무거워도 힘겨운 줄 모르고 앞으로 앞으로'를 독촉하는 시심(詩心)이 힘차게 솟구쳐 오르려는 발상이 보이기 때문에 독자를 안도감으로 인도하게 된다.

시인은 독자에게 말하는 길을 선택한다. 다시 말해서 독자를 대상으로 어떤 말을 어떻게 할 것인가를 감동(感動)의 목록으로 제시해야 한다. 이 메시지는 항상 감동을 주는 것이 아닐지라도 호소하는 반복성에서는 독자도 수용미학적인 마음으로 파도를 일으키면서 질서 있는 형식으로 반응한다. 물론 한 작품의 내면에 수

용된 의식의 갈래는 흔히 ambiguity라는 시적 형식 속에 내면의 질서를 살려야 한다, 이는 유기체인 생명에는 다양한 요소의 결합이 통일될 때 황홀한 감성의 바다를 독자에 전달할 수 있으면 여기서 시의 성공은 담보된다. 다시 말해서 시적 반응은 다양성 속에서 통일된 의식이 명확해야하고 또 균제(均齊)의 형식이 가지런했을 때, 비로소 미의 모범 원리로서 형식적인 통일감이 주어진다. 이경희의 시는 우회적인 기교가 아니라 직접적인 호소의 방법으로 자기를 드러내는 진솔성이 특징이다.

2) 사랑의 노래 찾기

시를 어떻게 쓰는가를 묻는다면 이는 인간이란 무엇인가처럼 답이 없다. 시가 오는 길은 시인마다 다르다. 어떤 시인은 숲속의 길을 가면서 시상(詩想)을 떠올렸는가 하면, 어떤 시인은 검은 상복을 입고 시를 썼다는 말로 보면 시를 불러오는 방법은 저마다 다르다. 그러나 공통성은 집중(集中)이라는 상태를 만들 때, 시의 신기루는 왔다 금시 사라진다. 때문에 시인은 산문(散文)을 쓰는 것과는 달리 순간을 포착하는 능력이 있어야 좋은 시를 붙잡을 수 있다. 물론 퇴고(推敲)라는 절차는 무한의 시간을 요(要)하지만 시를 포착하는 일은 순간이 좌우하는 감수성이라야 함은 자명하다.

사랑은 모든 시인들이 즐겨 소재로 다루는 강물일 것이다. 그러나 사랑의 소재가 일체화로 나타나기 보다는 따로 떨어진 느낌을 줄 때, 간절성은 사랑의 감성을 이탈하는 경우가 대부분이다. 이경희도 사랑을 나타내는 시가 많은 편이다. 「셀 수 있는 내 사랑」, 「내 안의 사랑」, 「어리석은 사랑」, 「사랑 아니야」, 「내 사랑 내 기억 너머」, 「사랑, 그 무엇도 아니야」 등 상당한 분량의 사랑에 대한 노래가 있다. 시인의 관심은 곧 시적 대상이 될 수 있기 때문에 많이 등장하는 소재는 곧 시인의 시적 의도가 한데로 모아지는 특성으로 드러난다.

강화도
강촌
춘천
그리고
동해안 해안도로
돌고 돌아
어느 날, 캄캄한 밤
제주도,
그 도시에서의 헤매임 속에
멀리 도망가자던 너의 애절한 고백
정말 난 가고 싶었는데
머리가 못 간다고 했어
정말 난 가고 싶었는데
남겨진 너의 가족 그리고 나의 가족
그 누구보다도 부모님을 어찌할 수 없었지
우리 둘은 남은 인생 모두를 버리고 서울로
다시 남처럼,

—「내 사랑 내 기억 너머」 중에서

사랑의 기억이 아쉬움으로 남는다. 강화도, 강촌, 춘천, 제주도를 함께 다니면서 추억을 쌓았던 일들이 회상의 저장고에서 나와 맺을 수 없었던 사연이 애절성으로 변화한다. 다시 말해서 상황이 과거로 돌아간다면 '다시 너를 만나면/ 나는 무조건 그림자라도 따라갈 텐데'라는 강조는 일종의 후회의 목록인 듯하다. 사랑의 도피 ―상대의 제의(提議)에 거절의 명분은 가족과 부모와 함께 하지 못하는 이유가 된다. 때문에 10여 년을 지난 후에 회상의 길목에는 아픔이 '남처럼'에서 상처가 도진다.

사랑은 무엇을 만드는 것인가 혹은 아닌가? 물론 만남으로부터 사랑은 시작된다. 가령 A와 B가 만나면 AB가 되는 것이 아니라 형식상 C라는 새로운 의미로 변환할 수밖에 없다.

> 너에게 화내는 거
> 사랑이야
> 너를 울리는 거
> 사랑이야
> 너라고 부르는 거
> 사랑이야
> 아무 말도 없는 거
> 사랑, 그 무엇도 아니야.
>
> ―「사랑, 그 무엇도 아니야」 전문

사랑을 달성하기 위해서는 서로가 끌어오기 또는 끌고가는 작업이 비롯될 때, '화내고' '울리고' '부르고' 때로는 침묵의 긴 밀

당을 나누면서 공통의 분모를 만들고 찾을 때 비로소 이해의 농도가 깊어지고 여기서 둘이 하나로 결합되는 새로운 절차가 사랑이라는 이름으로 탄생된다. 그렇다면 사랑은 아무것도 아닌 이름이 아니라 전혀 새로운 시작이 된다는 점에서 축복일 것이다. 때문에 사랑은 행복을 주고 평화와 기쁨으로 진전하는 출발의 이름에 도달하는 것이다.

사랑은 용기를 필요로 한다. 어떤 역작용이나 아픔을 극복하고 넘어서는 데서 사랑은 불꽃을 피울 수 있기 때문이다. 그러나 이경희의 사랑은 이런 용기 앞에서 나약성으로 이루지 못하는 사랑에 추억을 되살리는 일이 고작이다. 10여 년이 되어서 다시 꺼내는 이유는 함께 다녔던 지명들을 거론하면서 다시 '돌아갈 수 있다면'의 가정법에서 용기가 들어있지만 이미 지난 일들은 돌아오지 않는 추억일 뿐, 사랑의 실현은 지나버린 강물과 같은 뒷자락이 아쉬움뿐이다. 이런 견지에서 이경희의 심성은 적극성의 면모보다는 소극성의 내성적인 느낌이 많은 것도 사실이다. 아마 거의 대부분의 사랑이 이런 처지가 더 많다는 점에서 사랑을 일러 아픔이라 말하는 것도 일리가 있을 것이다. 가족과 부모의 뜻을 거역한다는 것은 커다란 결단이 아니면 안 되는 일이기 때문이다.

어두운 세종대왕릉 앞을
끊임없이 돈 얘기만 하며
전자계산기처럼 숫자만 세며
—발을 짓밟던 잔인한 사랑이었는데

자꾸만 자꾸만
수면제에 취해
시간만 흘려보냈던
어리석은 사랑

—「어리석은 사랑」 중에서

사랑은 헌신이고 모두 줌으로써 따스함을 얻는 것이 사랑의 이미지일 것이다. 그러나 이시인의 사랑에 대한 기억은 '어리석은 사랑'으로 정리된다. 그 구체적인 이유는 어디서나 '계산만 하는 사랑이었는데'의 완료형에서 과거의 일들이 현실로 회상된다. 심지어 '거실에서 아파트를 팔아'에서 도란도란의 아름다운 사랑을 이룩하는 대화가 아니라 '현금'과 '수박 배달비조차 현금'이라는 말이 아름다움과는 멀리 떨어진 사랑의 모습이 안쓰럽다. 이리하여 '수면제에 취해' 헛된 시간만 흘려보낸 사랑의 어리석음이 기억을 아픔으로 채운다.

떠난 사랑을 기억하는 방법에는 아름다움이 앞장 서 오는 것도 있고 또 추악한 기억으로 매몰되는 형식도 있을 것이라면 이시인은 후자에서 쓰디쓴 기억을 과거 완료인 '계산만 하는 사랑이었는데'를 돌려보내려는 생각에서 아픔이 된다. 이런 이유는 결국 「사랑 아니야」에 갈증이 더욱 애면글면하는 이유가 되는 것 같다.

3) 마음의 소리 듣기

세상에는 가득한 소리의 천지가 된다. 비가 내리는 소리와 햇살이 떠오는 소리 혹은 어둠이 걸어오는 소리 등 시인은 여느 사람

과는 달리 예민한 촉수를 갖고 자연의 소리를 들을 줄 안다. 물론 들리는 것만이 소리가 아니라 보이는 것에도 소리가 있음을 아는 민감한 촉수에서 시인의 마음에는 우주 자연 혹은 세상의 모든 물상에서도 소리를 감지하게 된다. 더불어 별이 수런거리는 소리와 천인단애의 폭포에서 떨어지는 우레 같은 굉음(轟音)에서 삼켜지는 소리 시심(詩心)의 자극을 받아 가장 리얼하게 심금을 울리는 현악기의 예민한 소리에 응집될 때, 시인은 비로소 세상의 소리를 시로 포착하게 된다. 이는 실재의 소리가 아니라 마음속에서 변화의 리듬을 타고 나오는 상상의 소리로 일어난다. 때문에 시인의 마음은 항상 울리기를 기다리는 현(弦)과 같은 준비된 상태를 모으는 채집꾼일 것이다.

스르르 스르르
하이얀 손을
흔드는 소리

눈 감아도
내 귓가에
스르르 스르르

화안한 얼굴
빛을 던지며
스르르 스르르

울지 말고
화내지 말라고
스르르 스르르.

―「눈 내리는 소리」 전문

소리에 대한 촉수가 빛나는 시이다. 범인(凡人)들은 눈을 하얗다 혹은 차갑다거나 아름답다라는 말이 고작일 것이다 1연에 '하얀 손을/ 흔드는 소리'와 2연에 '눈 감아도/ 귓가에' 다가오는 '스르르'와 3연에 '화안한/ 얼굴/ 빛을 던지며'에서 빛의 소리, 4연에 '울지 말고/ 화내지 말라고' 역시 '스르르 스르르' 들리는 소리에 대한 열거가 매우 감상적이다.

시는 인간의 정신사를 상상으로 포장하는 기교이다. 여기엔 우주 자연의 이치와 인간의 윤리적인 면 혹은 사물에 대한 통찰과 해석 등 세상의 모든 것이 망라된다. 물론 자연의 요인이 가장 많은 비중일 수도 있지만 인간의 정신을 떠나서는 존립의 근거를 상실할 것이다. 이시인은 눈이 내린 경치에서 감흥을 느끼는 예민함이 인상적인 느낌을 준다. 이는 섬세한 정서의 훈련이 많이 되었다는 의미가 될 것 같다. 왜냐하면 사람은 체험의 요소와 상상력의 관계는 불가분리의 설정으로 이어지는 사실을 부인할 수 없기 때문이다.

춤추고 노래하며
하하 호호 장미의 향연
하루하루

태양의 뜨거운 고백
뜨거워 뜨거워서
그늘로 그늘로

차갑게
이지러지는 달을 붙잡고
뚜욱뚝 뚜욱뚝
장미의 눈물

발아래 밟히는
수북이 쌓인
그 겨울의 눈물덩이
차가워 차가워
얼음 장미꽃이 되었네.

—「얼음 장미꽃」 전문

장미는 뜨거운 계절의 손님이다. 이런 열정은 빨간색채로 상징의 숲을 구성한다. 물론 바라만 보는 것으로도 그 열정의 뜨거움은 전달되는 감촉으로 환기(喚起)될 수도 있을 것이다. 그러나 시의 마지막 구절에서 시인은 사고의 역설적인 전환 즉 더위에서 반대의 상상을 끌어와 인식을 식히려는 방법이 강구되는 상징으로 보인다. 시는 은유와 비유의 기법을 사용함으로써 현실과 정반대의 상황을 독자에게 전달하는 묘미가 있을 뿐이다. 다시 말해서 역설(paradox)이라는 기교가 있어 강조의 이미지를 구축하는 방법이 자주 사용된다. 가령 청와대는 권력의 상징으로 인식되는 것처럼, 시의 기교는 현실과 거리를 넓힐수록 오히려 참신함을 부추기는 점에서 시의 묘한 맛이 성립된다. 요컨대 직선으로 가는 것 보다 구불거리는 길에서 아름다움의 뉘앙스는 더욱 강조되는 뜻이 가미될 수 있다는 기법이다. 얼음 장미꽃은 그런 상징의 깊이가 이경희의 정신에 담겨진 열정의 담보가 되는 느낌이다.

처음엔
잠시
숨소리조차도
곁에 있길 애원하네

하루 이틀
조건이 붙어가며
가끔은 통화도 얼음!
톡은 숫자 1

사랑이란,
장식처럼 Simple life에
군더더기가 되어,
무관심 무관심으로

미움이
침묵이 되면,

거꾸로 매달린
한낮 추녀 밑 고드름 되어
언젠간 사라질 운명만 남네.

—「한낮 추녀 밑 고드름」 전문

세상을 바라보는 눈에는 바라보는 사람이나 바라보는 각도 혹은 지식 정도에 따라 다른 의미를 환기한다. 있음은 없음이고 없음은 있음이라는 역설적인 현상을 사물의 실체라 말한다. 불가(佛家)에서 공과 색의 인식론은 이런 현상을 가장 적절하게 설법한다. 있음은 어느 날엔가는 없는 것으로 돌아가고 이 순환의 이론은 우주의 원리와 함께 한다. 위엄을 갖춘 고드름이 점차 한낮이 되면 그 실체는 허무로 돌아가는 길을 재촉한다. 이 허무는 공자나 예수도 실감의 말로 토로했으니 '언젠가 사라질 운명만 남네'에서 저물어가는 황혼의 슬픔이 밀려온다. 대자연의 장엄한 변화 속에서 인간의 초라가 보이고 또 이를 실감하는 시인의 마음에는 번뇌의 삶에 빛으로 빛이 난다. 시는 곧 시인의 마음이 우회적인 표현으로 표현대상과 동일한 보폭으로 등장한다. 시인은 항상 세계와 자아의 결합에 골몰하는 이유이다. 다시 말해서 시인의 생각을 세계관으로 확립하는 고달픈 여정을 일체화라는 결합을 통해서 시의 공간과 시간을 하나로 결합하는 절차가 공통적인 혹은 일반성으로 감동을 생산할 때, 그의 시는 비로소 생명의 환희를 노래하는 경지에 도달하는 것을 목표로 한다. 이는 원숙한 시인이거나 초보의 시인이거나를 불문하고 똑같은 일반화에 길을 탐색한다는 뜻이다. 이런 기교는 결국 시인의 마음이 결정하는 특성이 된다.

어떤 마음의 준비로 대상을 맞이할 것인가는 시인의 재능이 발휘되는 점에서 삶과 시는 동등한 가치를 구현하려 한다. 즉 시와 생활이 따로 분리되는 것이 아니라 하나로 통합되는 점에서 마음의 행로는 시의 중요한 요소가 된다는 뜻이다. 이경희 시인은 이런 견지에서 생활과 시심(詩心)이 등가(等價)를 이룩하는 노력이 보인다.

4) 자세의 모습

문학은 인간의 모습을 그린다. 소설은 가장 리얼하게 인간을 표현함으로써 목적을 완수하고 시는 시적 장치를 통해서 임무를 수행한다. 우회적인 방법이든 직접적인 수단을 강구하든 인간을 떠나서는 이론이 성립되지 않는다. 다만 인간의 주변에 자연이라는 요소가 개입되어 배경으로서의 역할을 다하지만 어디까지나 인간의 모습이 최우선으로 크로즈업 된다. 목적시냐 관념시냐의 갈래도 구분되지만 문학의 근본은 인간의 문제를 다루는데 한정하는 것은 삶이 곧 문학의 전부이기 때문이다. 19세기 이래로 문명의 기계화라는 방도가 급격한 진화를 거듭하면서 점차 로봇이 인간의 역할을 대신하는 시대로 접어들었지만 본질적으로 구석구석에 인간의 손이 이르지 않으면 기계 또한 작동이 불가능한 현상임을 두말할 나위가 없다. 기계는 직관이 없이 명령을 수행하지만 인간은 직관과 예지를 갖고 있음이 다르다.

문명의 발달은 인간을 왜소하게 위축시키는 문제는 해결의 과제가 아닐 수 없다. 움츠리면서 살 것인가 아니면 당당하게 맞서면서 발언하는 인간의 모습인가는 전혀 다르다. 결국 이 세계의 주인공으로 발언하면서 사는 자세를 갖는 일은 비인간화에서 인간화를 회복하는 숙제 이를 영원한 명제인 휴머니즘의 실현이라 부를 것이다. 다음 시는 시인의 일상 중에 하루의 어떤 모습이 눈에 들어온다.

햇살이 입맞춤한다
향기로운 빛의 향연
귀에 와 닿는
예쁜 노래
아침의 미소가
온몸을 감싼다
터치하고 또 터치하고
동그란 사랑을 그린다
땅따당 땅땅 당당한 아침
환한 미소로 문을 여는
엘리베이터의 품에 안기면
뽀샵된 거울 속에
귀요미 토끼 한 마리
통통하지만 눈부시다.

—「당당한 아침」 전문

시간은 아침인 것 같다. 우울한 모습이 아니라 햇살의 밝음과 더불어 미소로 가득한 즐거움의 시작이 보인다. 아파트 엘리베이

터에서 자화상을 발견하는 거울 속에서 '당당한 아침'의 자신감이 출렁인다. 이는 시인이 생활의 일부분으로써 꾸미는 뽀샵이 아니라 자연스러운 그대로의 모습이 유추된다.

오늘날 우리 사회는 제 얼굴을 가지고 사는 사람이 희소(稀少)하다. 성형외과의 간판이 많은 것과 비례하여 인간의 얼굴은 변형된 그리고 왜곡된 모습이 인형처럼 연출하는 장면이 모두이다. 민낯의 제 얼굴 뒤에 모두 가면의 꾸민 얼굴이 보이는 것은 그만큼 자기 상실의 시대라는 뜻이다. 속으로는 울고 사는 사람들이 대부분인데 자기로서 당당히 사는 사람은 행복한 사람이다 '귀요미 토끼'의 모습은 자기를 알고 즐기는 마음 때문에 행복한 자화상이 「당당한 아침」의 모습으로 매우 인상적이다. 그렇다면 이처럼 당당한 원인은 어디서 오는 에너지일까? 결과에는 원인이 내장되었다면 필시 이경희의 삶에 활력소의 진원이 있다는 뜻이다.

수없이 고개를 저어도
다시 정지되는 얼굴

단 한 번의 미소에도
환한 마음이 끄덕인다

미워도 사랑
싫어도 사랑
그 말 한 마디, 사랑
깊은 내 살 속에 박힌 사랑

고개 저어도
그대 가슴 속으로만 파고든다.

—「깊은 사랑」 전문

사랑이라는 말은 매우 보편적인 어의(語義)이다. 그러나 이 보편성 속에서 가장 진솔한 마음이 담겨질 수 있을 때, 소박하고 질박(質朴)한 모습이 투영된다. 결론부터 말해서 '깊은 내 살 속에 박힌 사랑'의 주인공 때문에 이경희의 삶은 즐거움을 주고 행복을 노래하는 귀요미 토끼라는 상상이 가능해진다. 이로부터 에너지를 공급받고 삶의 활력을 이어간다는 뜻이다. 동반자일 수도 있고 또 가족의 일원임은 틀림없는 의미이다. 깊은 사랑에서 충전된 사랑의 이미지가 철철 넘치는 생활의 기쁨이 흘러나오는 이유에 박수를 보낸다.

홀로 잠든 내 곁에 살며시 별이 왔다
깊은 밤 숨소리조차도 사랑스럽다
모른 척 힘들지 말라고 침대 끝을 잡는다
어느 새 작은 새처럼 내 안에 안긴다
사랑해
난 괜찮아
손발이 차가운데……
내일은 좀 더 큰 행성으로 가자
아니
난 괜찮아

너만 있음 된다니까
밤새도록 나를 밝혀 주며 지켜주다
잠이 깨면 사라질까 두려워
가만가만 문을 닫고 혼자 뜰로 나선다.

—「내 곁에 있는 사랑」 전문

사랑은 인간을 가장 인간적이게 만드는 자양분이라면 이경희 시인의 사랑은 친밀도를 가진 사랑이 가족의 구성원 이외에 유추되는 또 다른 이미지의 시이다. 별이라는 대상을 통해서 먼 행성으로 떠나려는 꿈꾸는 마음에 사랑의 따스함이 담겨 있어 인간미를 느끼는 상징이 빛난다. 본인의 마음속에 사랑의 마음이 담겨 있을 때, 비로소 사물을 바라보는 대상에도 전이(轉移)된 사랑의 온기가 느껴지는 이치는 자발성의 요소로 인식된다. 다시 말해서 시인 스스로의 마음에 사랑의 마음이 들어 있기 때문에 바라보는 모든 물상에 사랑의 기운이 퍼지는 감정이입(感情移入)의 이치와 같다는 뜻이다. 깊은 밤, 별에 속삭이는 마음에는 동화의 세계가 순수로 포장된 이경희의 시심(詩心)이 또 다른 에너지의 공급처이기도 한 것 같다. 다시 말해서 사랑의 에너지원이 「W에게 —꿈 같은 내 사랑」 등 가족의 일부에서도 오고 자연의 친밀도 두 가지의 대상으로부터 이시인의 즐거움의 진원지가 된다는 점이다.

5) 조국애와 문화의 힘

시인은 평화로울 때는 장식적인 임무가 주어지고 위난(危難)의 시대에는 예언자의 역할을 한다고 한다. 벨기에의 시인 베르하렌

이나 1807년 독일이 프랑스의 나폴레옹과의 전쟁에서 패전하게 되어 자포자기의 국민에게 일어날 수 있는 연설 절망과 침체한 독일 국민에게 일어나는 힘을 부여했던 피히테를 꼽을 수 있다. 우리나라의 이육사는 추운 겨울의 시대 앞에 무지개를 띄어 탈출을 노래한 것이나 한용운은 고난의 시대에 님의 도래를 부르짖은 일 등은 애국심의 진수였다. 어찌하여 고난과 아픔과 겨울의 냉혹한 시대 앞에 시의 노래를 불러 위로의 메시지를 줄 수 있는가? 시인은 이런 능력을 노래하는 사람이다. 출중한 시인이거나 아니면 신참 시인이거나는 중요한 것이 아니다. 애국심은 레벨이 있는 것이 아니기 때문이다. 다음 한 편의 시는 진심의 메시지로 빛난다.

작은 언덕 조그만 산등성이
조금씩 앞으로 나아가면
힘찬 태백 줄기 넘어서
커다란 동해

철썩이는 태평양의 파도를
온몸으로 품에 안고
새로 난 멋진 터널을 자꾸자꾸
달려 나오면 머드팩 신나는 서해

백성을 어여삐 여기신 세종대왕과 함께
시원하게 경부고속도로로 나오면
거침없이 달리는 KTX와 나란히

찬란한 삼국시대의 통일 이룬 신라의 경주

밝은 아침, 뱃노래에 흥겨워 태평양을 안으면
울릉도와 독도가 태극기를 흔들며
오징어와 홍게가 춤을 춘다

하늘을 나는 갈매기와 한류의 음악을 맞추면
출발선 서울이다
24시간 불 밝히며 폭죽이 터지는 남산 타워
—초록불이 인천국제공항 공연장에 빛을 던진다.

—「나의 조국, 코리아」 전문

1연의 동해바다와 2연에 서해바다 3연에는 내륙의 고속도로와 힘찬 모습 그리고 태평양을 안은 울릉도와 독도의 상징이 '오징어와 홍게가 춤을 춘다'에 이르면 흥과 신명이 앞으로 나아가는 조국의 모습이 오버랩 된다. 아울러 한류의 전파력과 남산을 중심으로 살아가는 서울이 시인의 가슴을 뛰게 한다.

조국은 피 끓는 미래의 길을 위해 한 사람 한 사람이 뜨거운 애정을 가질 때, 미래의 길이 밝고 찬란해진다. 주눅이 든 국민은 언제나 침체의 나락을 경험하기 때문에 어떤 정신의 국민인가의 여부 —정신이 곧 국력의 진원이 될 수 있기 때문이다. 한류가 그렇고 영화가 그렇고 예술의 전파력은 국력이 된다는 증거일 때, 어떤 것보다도 힘을 발휘하는 에너지원이라는 뜻을 느끼면서 시인의 가슴에는 용약하는 기운이 시심을 자극한다.

인간에게 최초의 교사는 천상의 제우스에게서 불을 훔쳐 인간에게 준 프로메테우스와 더불어 노래로 세상을 감동시킨 오르페우스라고 말한다. 예술은 어떤 것보다 위대한 힘을 발휘할 수 있다는 것은 노동요로도 예가 될 것이지만 문화의 힘은 예술가의 상상력이 곧 국가 원동력의 요인이라는 강조가 작금에 한류라는 말이 증명으로 예가 될 것이다.

3. 에필로그-정신의 문법 구축

예술은 현실을 직시하고 그 바탕 위에서 상상의 길을 만들어 미감(美感)으로 처리하는 노래이다. 이 노래에는 진실이 담겨있을 때, 감동의 길이 보편성으로 전달되면서 독자에 힘과 신념을 부여하는 길을 만들게 된다. 정작 시 자체에는 아무런 힘도 없지만 시가 갖는 내면의 진솔성과 아름다움은 어떤 것보다 강력한 에너지의 중심이라는 말은 부인할 수 없을 것이다. 감동이란 그처럼 강한 태풍도 될 수 있고 또 부드러움과 아름다움의 결합에서 꿈을 그리게 된다. 꿈을 전달하는 시인의 힘은 여기서 정점을 마련하는 능력자가 된다. 절망과 고통 속에서 희망을 부추기는 꿈의 제조자는 곧 시인이기 때문이다.

이경희의 시는 그런 꿈을 부추기는 힘이 들어 있어 가능의 문을 느끼게 한다. 이 같은 전제에서 자기발견의 성실성을 부추기는 특성이 있다. 자기를 떠나서는 어떤 것도 이룩할 수 없는 이유가 내장되었기 때문에 자기애의 확신과 신뢰 찾기는 미래의 문을 향하는 옳은 목소리이다. 두 번째는 사랑의 중심이 어디서 발원하는가를 아는 일은 매우 현명한 도리이다. 왜냐하면 오늘의 표정을 어떻게 나타내는 가는 자기 신념의 줄기에서 비롯되기 때문이다. 세 번째는 이경희의 시에는 우주만물에서 들리는 소리에 민감한 청력을 보유하고 있다 이는 사물의 내면을 통찰(洞察)하는 촉수에서 시심의 길이 열리는 것을 의미하기 때문에 신뢰를 줄 수 있다.

네 번째는 자기의 모습에 확고한 믿음이 전제되어야 자신감을 획득한다면 이시인은 꾸밈이 없는 마음으로 세상을 노래하는 가수가 된다.

다섯 번째는 문화의 힘과 조국은 둘이 아니라 하나라는 발성을 우회적으로 말하는데서 나라사랑의 본질이 시– 문화의 진수라는 강조가 될 것 같다.

이런 모든 요소를 통합하고 분리하면서 다시 총체적으로 바라보는 시선에 신뢰를 보내는 시가 이경희의 정신문법이다. 앞으로 더욱 정진하면 보다 높은 차원의 시를 쓸 수 있음을 기대하면서 책임을 벗는다.

이경희 시집_ 양화대교

초판 인쇄 | 2017년 4월 25일
초판 발행 | 2017년 4월 30일

지 은 이 | 이경희
발 행 인 | 문효치
편집국장 | 김밝은

펴낸곳 | 사단법인 한국문인협회 月刊文學 출판부
주소 | 서울시 양천구 목동서로 225 대한민국예술인센터 1017호
전화 | 02-744-8046~7
팩스 | 02-743-5174
이메일 | klwa95@hanmail.net
등록 | 2011년 3월 11일 제2011-000081호
ISBN 978-89-6138-348-6 03810

값 8,000원

잘못 만들어진 책은 바꾸어 드립니다.